# DISCOURS

*Sur les plus beaux traits de courage, de bravoure et de patriotisme des soldats de la République;*

*Prononcé à la Société Fraternelle de la Section des Sans-Culottes, le 7 nivose, l'an deux de la République Française, une et indivisible, et dont cette Société a arrêté l'impression.*

Par le Citoyen L. F. JAUFFRET.

A PARIS,

SECONDE ANNÉE RÉPUBLICAINE.

# DISCOURS

*Sur les plus beaux traits de courage, de bravoure et de patriotisme des soldats de la République.*

FRÈRES ET AMIS(1),

Quand nous lisions autrefois dans les Annales de la Grèce et de Rome les traits sublimes qui embellissent et consacrent toutes leurs pages, nous sentions nos

(1) La Société Fraternelle de la Section des Sans-Culottes ayant envoyé, le 30 brumaire dernier, une députation à la Société Nationale des Neuf Sœurs, cette dernière Société, consacrée aux Sciences, aux Lettres et aux Arts, a envoyé à son tour, le 7 nivose, une députation à la Société Fraternelle des Sans-Culottes. Le citoyen JAUFFRET, membre de cette députation, a prononcé ce Discours, qui a été entendu avec tous les transports que les traits qu'il renferme doivent exciter dans des cœurs républicains. Des cris de *vive la République*! l'ont souvent interrompu. L'Orateur a reçu l'accolade fraternelle. L'Assemblée a arrêté l'impression de son Discours aux frais de la Société; mais le citoyen JAUFFRET a voulu le faire impri-

cœurs palpiter d'enthousiasme et des larmes délicieuses couloient de nos yeux ; mais bornés au sentiment d'une admiration stérile, nous étions semblables au laboureur qui, heurtant avec le soc, et trouvant dans un sillon des ossemens gigantesques, s'arrête, s'étonne, et n'est frappé que de l'idée du dépérissement et de la dégénération de l'espèce. Et ne pouvions-nous pas en effet nous regarder, sous le règne flétrissant du despotisme, comme une race dégénérée ? Comme la statue de Glaucus, dégradée par les flots, ressembloit plutôt à une bête féroce qu'à un dieu, les ames humaines se défigurent sous un régime oppresseur, et perdent leur physionomie originelle : les fers de la tyrannie

---

mer à ses frais, désirant que la somme qui auroit été consacrée, par la Société Fraternelle des Sans-Culottes, à cette impression, soit employée à soulager les femmes et les enfans des braves défenseurs de la République. Trop heureux d'être de quelque utilité à la révolution, en recueillant les traits d'héroïsme qu'elle a produits, il donnera un suite à ce discours, et formera un Recueil de toutes les actions héroïques des citoyens Français.

rapetissent et dégradent le genre humain ; et si, par une heureuse fiction, un poëte a jadis imaginé que le monde physique, dans tout l'éclat de sa ravissante beauté, est éclos d'un œuf fécondé par l'amour et couvé sous ses aîles, ne peut-on pas ajouter, pour complotter sa pensée, que le monde moral ne peut sortir pour ainsi dire du néant, se développer et atteindre sa perfection que sous les aîles de la liberté?

Il a fallu la leçon de notre révolution pour nous révéler le secret de nos forces et de notre dignité.

*Il ne me laissera rien à faire*, s'écrioit Alexandre en parlant de son père, dont il apprenoit tous les jours les rapides succès. Ainsi nous disions autrefois, avec un sentiment de regret, et peut-être aussi de jalousie secrette : « Les Grecs et les Ro-
» mains ont donné des modèles de toutes
» les belles actions, et ils n'ont transmis
» pour tout héritage à la postérité que
» le respect et l'admiration pour leurs
» vertus, sans lui laisser l'espérance de
» pouvoir les égaler ».

Aurions-nous pu croire alors que le cours des siècles alloit si-tôt amener le moment où toute la gloire de la Grèce et de Rome ressusciteroit parmi nous ?

Ah ! désormais nous n'aurons plus besoin de reporter nos regards vers ces âges brillants où le cœur humain se développa dans toute sa richesse, dans toute sa beauté, et de leur demander jusqu'à quelle hauteur l'homme peut s'élever. Nous regarderons autour de nous, et nos yeux, baignés de larmes, seront frappés de mille traits qui sont l'honneur immortel de l'humanité, et qui la montrent dans ses véritables dimensions.

Je ne veux point parler ici de ce qui n'est que la gloire commune et collective de la nation toute entière. Je ne veux point remonter à ces moments éternellement mémorables, où à la voix de la liberté, menacée par les armes des tyrans, on vit se réaliser ce que la fable dit des soldats de Cadmus ; où la France fut couverte de guerriers, brulants d'une ardeur qui n'a pas été vaine. Je ne parlerai pas des cohortes ennemies, fuyant avec précipitation le territoire de la liberté et frémissant d'une rage inutile.

Je me reprocherois pourtant de ne pas

évoquer ici l'ombre de celui qui donna, pour ainsi dire, à tous les Français le signal des belles actions, et dont le sang cimenta les premiers fondemens de la république. Je veux parler de toi, dont le souvenir est immortel, brave et généreux Beaurepaire ! Si Caton, se poignardant pour se dérober au joug du despotisme, et mourant sur les ruines de la liberté romaine, a été pour tous les siècles un objet d'admiration ; je ne t'admire pas moins lorsque tu ne veux pas survivre à la honte de cette place qui te comptoit parmi ses défenseurs, et lorsque tu meurs plutôt que d'être le témoin et le complice de la trahison d'une ville qui n'avoit de français que le nom. Ton trépas imprima la terreur au cœur farouche des despotes ; et du fond de ta tombe tes mânes ensanglantées contribuèrent à la honteuse déroute des tyrans, et à la gloire de ta patrie.

Qu'on me pardonne de suspendre encore un moment le récit de nos derniers triomphes, pour retracer une foible partie de nos triomphes passés. Je me croirois coupable de ne pas reporter mes regards sur toi, ô Lille! cité de patriotisme, toi dont la résistance héroïque éternisera le souvenir de la première année républicaine; toutes les foudres de la guerre tonnant contre tes murs; trente mille boulets rouges, et six mille bombes incendiant tes édifices sans ébranler ton courage, t'ont garanti l'amour de tous les Français et l'admiration de tous les siècles. Je vois tes braves et généreux habitans suivre de l'œil les boulets, courir aux maisons qu'ils endommagent, les prendre avec intrépidité pour les éteindre, des femmes et des enfans observer les bombes, arracher les mèches avec une audace qu'on admireroit, même dans des guerriers, et étouffer la foudre au moment où elle va tout ravager! J'entends retentir dans le fond de mon cœur ta sublime réponse, immortel citoyen qui, faisant ton service sur le rempart, et apprenant que ta maison est la proie des flammes, la regardes brûler d'un œil serein, et dis avec sang froid : *Je suis au poste de la patrie : c'est-là qu'est mon premier intérêt.* La postérité t'admirera restant à ce poste, continuant ton feu sur l'ennemi, et n'abandonnant ta place qu'au moment où l'on vient te relever! Elle admirera cette parole pleine d'une gaieté qui fait voir qu'une ame libre n'est point ébranlée par les dangers, cette parole d'un citoyen qui, assistant à l'assemblée administrative, lorsqu'un boulet perça le mur et passa entre le secrétaire et lui, dit : *nous sommes en permanence : je fais la motion que le boulet y soit aussi, et qu'il soit un monument de gloire pour Lille, et d'opprobre pour ses lâches ennemis.*

Que j'aime à me représenter la France élevant sous le plus beau ciel sa tête altière et libre, et montrant aux autres nations, avec l'orgueil d'une mère, tous ses enfans combattant avec courage pour la cause de la liberté, et ceux-là sur-tout qui se sont distingués par les traits les plus frappans!

Dans ces momens critiques, où les cohortes des tyrans inondoient le territoire de la république et le souilloient d'horreurs, les fanatiques et les mécontens de l'intérieur se soulèvent dans le département des deux Sèvres et de la Vendée. Ils falloit les combattre; il falloit défendre le sein de la patrie déchiré par ses propres enfans. Qui pourroit écouter, sans en être attendri, ces derniers mots prononcés par le jeune Vizelle, qui reçut dans un combat une blessure mortelle? Plusieurs de ses camarades s'empressent de le transporter à la maison de secours : *Ne vous occupez pas de moi*, leur dit-il, *qu'un seul d'entre vous me conduise à l'endroit où je vais mourir, et que les autres aillent combattre les rebelles ; je mourrai satisfait si j'apprends, à mon dernier instant, que vous les avez repoussés.*

Et cette belle réponse d'un autre guerrier qui avoit reçu, dans une autre affaire, une balle à la jambe. *Retirez-vous*, lui disoit-on, *si vous êtes hors de combat? Moi! me retirer!* répondit-il, *ce ne sera que lorsque j'aurai perdu tout mon sang, que j'abandonnerai mes camarades.*

Et ces paroles héroïques d'un lieutenant-colonel qui, ayant reçu une blessure mortelle, et ses camarades s'empressant autour de lui, les larmes aux yeux, leur dit : *mes amis, vos soins me sont inutiles; retournez à l'ennemi ; je meurs content : la cause de la liberté triomphe.*

Et ces mots stoïques d'un blessé qui, transporté dans la maison de secours, et étendu sur un lit de douleur, s'écrie : *Mes amis, je souffre pour la république, et je suis mieux sur ce lit qu'un tyran sur son trône.*

Et ce brave républicain qui s'écrie en mourant : *Je ne puis vivre pour la république, il m'est doux encore de mourir pour elle.*

Et ce volontaire qui, ayant eu, sous les murs de Dunkerque, un bras emporté par un boulet, s'écrie, rempli d'une joie héroïque : *Il m'en reste un autre pour la république.*

Et cette mère vraiment Spartiate, ou plutôt Française, qui répond à son fils, qui se plaignoit d'avoir une épée trop courte : *Eh bien, mon fils, tu feras un pas de plus.*

Et ce trait qui semble surpasser les forces de la nature humaine par son héroïsme, ce trait d'un sergent des grenadiers de Bressuire, nommé David, digne de passer jusqu'à la postérité la plus reculée ! Cet intrépide soldat reçoit une balle dans son sein ; à l'instant même il tire son couteau. A quoi bon ce couteau lui dit son camarade ? *C'est pour arracher de mon sein la balle que les rebelles viennent de m'envoyer. La voici ; je me hâte de la leur rendre.* Il la met dans son fusil, et tire sur l'ennemi.

Et ce jeune Pajot que j'apperçois au milieu de vous ! La petitesse de sa taille l'excluoit du nombre des volontaires qui devoient marcher contre les tyrans et leurs esclaves. Ce jeune enfant, les yeux baignés de larmes, demande, avec instance, à être reçu. Il observe que son patriotisme a toute sa crûe, et il obtient enfin une place de tambour dans l'armée du Nord. Dans un combat où tous ses camarades furent tués à côté de lui, le jeune Pajot reçoit une balle à la jambe : il ne broncha pas, et continua de battre la charge pendant toute la durée du combat, jusqu'à la déroute complette de nos férocés ennemis.

Et ces citoyens de trois sections de Paris qui, sur le bruit que leurs fils, armés pour la cause de la liberté, avoient osé manifester une insubordination criminelle, se présentent aux législateurs, et leur disent : *Nous vous dénonçons nos propres enfans.*

*S'ils sont coupables, que le glaive de la loi tombe sur leurs têtes : nous sommes citoyens avant que d'être pères, et l'exemde Brutus est devant nos yeux.*

Et ce trait récent de Louis Louesdon, canonnier du huitième régiment d'artillerie ! Il eut, dans la Vendée, le bras droit tellement fracassé qu'il fallut lui couper le poignet ; au moment où il reçut la blessure, il répond à ses camarades qui voloient à son secours : *Ce n'est rien mes amis ; vive la république* ! Arrivé à l'hôpital, où on lui dit que sa blessure ne pouvoit se guérir, et que pour lui sauver la vie, il n'y avoit pas d'autre parti à prendre que de lui couper le poignet, il présente son bras, et souffre, sans dire un seul mot l'opération. Lorsqu'elle fut finie, il dit à tous les assistans : *vive la nation ! vive la république !* Et comme le chirurgien qui avoit ramassé la partie séparée du bras, se préparoit à l'emporter : *Où vas-tu*, lui dit-il ? *porte ma main à mon canon, et dis de ma part à mes camarades de l'envoyer à ces infâmes brigands.*

Et ce jeune Barra, auquel la patrie reconnoissante vient d'accorder une place au temple des grands hommes ! Ce héros de treize ans est placé, par les rebelles de la Vendée, dans l'alternative de crier *vive le roi*, ou de recevoir la mort. Le jeune enfant n'hésite pas. Il suit l'impulsion du patriotisme, crie *vive la république !* et meurt. Sa grande action sera transmise à la postérité par tous les arts à la fois. La gravure représentera les traits de ce jeune martyr de la liberté, et l'instant de son devouement héroïque, formera un tableau qui, appendu aux murs de toutes les écoles primaires, offrira à toute la jeunesse française un héros à admirer, et un modèle à suivre.

Je suis obligé de passer sous silence une foule de traits héroïques, et de cacher pour ainsi dire une partie de notre gloire.

Je me rapproche des derniers évènemens, et je vois le génie de la liberté planant sur la France libre et républicaine : je vois les tyrans consternés de ne pouvoir nous vaincre, employer les trahisons les plus noires pour renverser l'auguste édifice de la liberté française. Ressource stérile autant qu'avilisante ! Le Peuple entier se lève, et malgré les trahisons intérieures, malgré la perfidie d'un grand nombre de généraux, la France est victorieuse, et la République triomphe !

Oui, elle triomphe ; et si quelque trembleur pouvoit encore douter de son affermissement, qu'il arrête ses yeux sur le midi de la France ; qu'il voye les rochers escarpés qui défendoient Toulon, escaladés par les soldats de la république ; et les Anglais, les Espagnols, les Napolitains, tous les vils satellites des tyrans honteusement chassés d'une place dont la plus infâme trahison les avoit rendus maîtres. Ils ont été emportés d'assaut, ces forts que la nature et l'art avoient rendus si redoutables, et presque inaccessibles. Les lâches esclaves d'Albion ont cherché sur les flots un asyle, et les vents contraires repoussoient leurs vaisseaux sous la foudre de nos remparts, comme si les élémens étoient coalisés avec la France régénérée, pour la punition des traîtres, et l'humiliation des rois.

Chaque jour nous procure de nouveaux succès. De tous côtés les armées de la République triomphent. Les étrangers sont consternés ; bientôt la Vendée n'existera plus ; et bientôt la France libre et républicaine, donnera la paix à l'Europe. Alors, nous sentirons tout le prix d'un gouvernement fondé sur la nature et sur la raison ! Alors la France immortalisée deviendra la contrée la plus florissante ! Le souvenir de nos victoires énorgueillira tous les citoyens. Les sciences, les lettres et les arts reprendront un nouveau lustre, comme dans les beaux jours des républiques anciennes, et le règne de l'égalité sera celui des vertus.

Ah ! qu'il doit être satisfaisant de faire de belles actions, puisqu'il est si doux de les raconter ! Quel est le cœur qui ne seroit ému à ces touchants récits ! Qui ne verseroit des larmes d'enthousiasme et d'attendrissement à l'aspect de la gloire de son pays ! Amour de la patrie ! sentiment fécond en miracles, hélas ! nos cœurs furent long-temps fermés à tes douces et sublimes impressions ! Qu'est devenu ce peuple qui n'exerçoit sur les autres nations que l'empire des modes et des frivolités ! Quel grand exemple il leur montre aujourd'hui ! Quelle leçon il donne aux générations présentes et aux siècles à venir !

---

De l'Imprimerie de CHAUDE, rue Pierre-Sarrazin.

www.ingramcontent.com/pod-product-compliance
Lightning Source LLC
LaVergne TN
LVHW010326230826
846091LV00009B/3772